...LE D'APPLICATION DE CAVALERIE

INSTRUCTION MINISTÉRIELLE

DU 30 NOVEMBRE 1897

POUR

L'ADMISSION DES SOUS-OFFICIERS

A L'

ÉCOLE D'APPLICATION DE CAVALERIE

COMME ÉLÈVES OFFICIERS

SUIVIE DU

PROGRAMME

D'INSTRUCTION GÉNÉRALE

PARIS

LIBRAIRIE MILITAIRE DE L. BAUDOIN

IMPRIMEUR-EDITEUR

30, Rue et Passage Dauphine, 30

—

1898

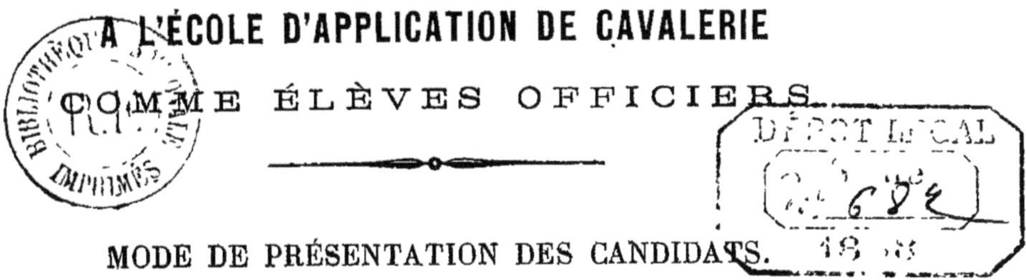

INSTRUCTION MINISTÉRIELLE

DU 30 NOVEMBRE 1897

POUR

L'ADMISSION DES SOUS-OFFICIERS

A L'ÉCOLE D'APPLICATION DE CAVALERIE

COMME ÉLÈVES OFFICIERS

MODE DE PRÉSENTATION DES CANDIDATS.

Candidats proposés par les chefs de corps.

Art. 1er. Chaque année, le 10 janvier, les chefs de corps ou de service adressent au général de brigade un état de proposition, conforme au modèle annexé à la présente instruction, des sous-officiers qu'ils jugent aptes à devenir officiers ; le général de brigade, après avoir émis son avis, adresse cet état au général commandant la division ou à l'inspecteur général permanent (au général de division président du Comité de cavalerie, pour les candidats de l'École d'application de cavalerie, de l'École spéciale militaire et de la portion centrale de la 5e compagnie de cavaliers de remonte).

Doivent seuls être présentés les candidats ayant la conduite, l'éducation, la capacité, l'instruction et la fermeté nécessaires pour commander. Ces candidats doivent avoir au moins deux ans de grade de sous-officier au 30 juin de l'année de la proposition, et produire un certificat d'instruction militaire délivré par une commission régimentaire (1), constatant qu'au point de vue de l'instruction générale et de l'instruction militaire théorique et

---

(1) Cette commission se compose du chef de corps et de tous les officiers supérieurs. Dans les régiments fractionnés, elle se compose seulement du chef de corps et des officiers supérieurs présents à la portion principale.

Les candidats appartenant à des fractions détachées ou à des dépôts séparés de la portion principale sont dirigés en temps opportun sur la portion principale pour subir les épreuves.

Les candidats appartenant au cadre constitutif des Écoles militaires ou détachés dans ces Écoles à un titre quelconque (y compris les sous-officiers de la 5e compagnie de remonte) sont examinés par une commission dont la composition est fixée, suivant les ressources en officiers de l'arme, par le commandant de l'École, qui doit toujours la présider.

Les candidats appartenant aux compagnies de cavaliers de remonte autres que la 5e ou détachés dans le service des remontes, sont examinés par une commission com-

pratique, ils sont aptes à subir les épreuves d'admission à l'Ecole de cavalerie.

Le modèle de ce certificat, qui n'est valable que pour l'année au titre de laquelle il a été établi, est annexé à la présente instruction.

Les examens pour l'obtention de ce certificat sont oraux et portent sur les matières exigées pour les épreuves définitives (art. 8 et 22). Ils ont lieu chaque année, dans les premiers jours du mois de janvier; les chefs de corps ou de service en fixent enx-mêmes la date.

Candidats acceptés par les commandants de corps d'armée.

Art. 2. Les généraux de brigade et les généraux commandant les divisions ou les inspecteurs permanents de cavalerie ont pu déjà apprécier ces candidats, qui ont dû leur être présentés pendant les manœuvres ou au cours de l'inspection générale précédente ; ils se font d'ailleurs remettre par les chefs de corps toutes les pièces ou notes pouvant les éclairer; ils s'assurent que les candidats présentés remplissent bien les conditions exigées à l'article précédent, éliminent ceux dont la candidature leur paraît prématurée ou insuffisamment justifiée, et proposent les autres, au titre de l'inspection générale de l'année courante, et par anticipation sur le travail de celle-ci.

Les sous-officiers mariés pourront être présentés, sous la réserve que, par la manière de vivre, les relations et l'éducation de leur femme, ils soient jugés capables de tenir honorablement leur rang dans un personnel d'officiers.

Art. 3. Il est établi, pour chaque sous-officier maintenu par l'inspecteur, un mémoire de proposition conforme au modèle arrêté par le Ministre, sur lequel le mérite du candidat est constaté et apprécié successivement par le chef de corps ou de service, le général de brigade et l'inspecteur général. Chacun d'eux résume son opinion dans une cote numérique, dite note d'ensemble, représentée par un nombre entier pris dans l'échelle de 0 à 20 et qualifiant à la fois la conduite, la tenue, la capacité, l'aptitude au commandement et l'aptitude équestre.

Les mémoires de proposition sont réunis, pour chaque corps ou établissement, dans un état nominatif conforme au modèle arrêté. Cet état est adressé au commandant du corps d'armée (pour la Tunisie, au général commandant la division d'occupation) qui statue en dernier ressort sur les propositions et transmet au Ministre, avec l'état précité, celles qu'il croit devoir accepter. Celles-ci sont accompagnées du certificat délivré par la commis-

---

posée du commandant de la circonscription ou, à défaut, du commandant du dépôt de remonte où le candidat se trouve employé, et des deux officiers de cavalerie les plus élevés en grade ou les plus anciens présents dans la localité, et appartenant aux compagnies de cavaliers de remonte ou employés dans le service des remontes.

sion régimentaire, de l'extrait de l'acte de naissance des sous-officiers proposés pour la première fois, et de la demande écrite des adjudants et des maréchaux des logis chefs à être volontairement rétrogradés à l'emploi de maréchal des logis s'ils sont admis à suivre les cours de l'Ecole de cavalerie. Au moment de leur départ pour Saumur, leur rétrogradation est prononcée dans les formes prescrites par l'article 317 du décret du 20 octobre 1892.

Ces divers documents doivent parvenir au ministère (2e Dir., Bur. de la Cavalerie) le 15 février au plus tard.

CONCOURS POUR L'ADMISSION A L'ÉCOLE D'APPLICATION DE CAVALERIE COMME ÉLÈVE OFFICIER.

Art. 4. Il est ouvert, chaque année, entre tous les sous-officiers de cavalerie dont la candidature est acceptée par les commandants de corps d'armée, un concours à la suite duquel ceux d'entre eux qui ont satisfait aux différentes épreuves sont admis comme élèves officiers à l'Ecole d'application de cavalerie, dans l'ordre de classement résultant du concours, et jusqu'à concurrence du nombre déterminé par le Ministre.

Ce concours comprend :

1° Un examen écrit d'instruction générale portant sur les matières indiquées dans le programme d'enseignement du cours préparatoire suivi par les sous-officiers jugés aptes à devenir officiers ;

2° Un examen oral d'instruction militaire théoriqu aet pratique.

Art. 5. Le général commandant le corps d'armée convoque dans la ville siège de son commandement (1), pour y passer l'examen écrit (2), tous les sous-officiers dont il a accepté la candidature.

L'examen écrit commence le 5 mars (le 6, quand le 5 tombe un dimanche ou un jour férié).

Les candidats doivent être rendus au chef-lieu de leur corps d'armée la veille du jour où ils doivent subir ces épreuves. Ils sont placés en subsistance dans un des corps de la garnison.

EXAMEN ÉCRIT D'INSTRUCTION GÉNÉRALE.

Art. 6. Cet examen sert à établir un premier classement, à la suite duquel les candidats dont l'instruction générale est jugée insuffisante sont éliminés.

---

(1) En raison de l'étendue du 6e corps et du nombre des régiments de cavalerie qui s'y trouvent stationnés, le général commandant ce corps d'armée est autorisé à répartir entre trois centres d'examen (Lunéville, Verdun et Châlons) les sous-officiers admis à subir les épreuves écrites.

(2) Les sous-officiers des remontes et les sous-officiers des écoles militaires sont convoqués avec les candidats du corps d'armée ou du gouvernement militaire sur le territoire duquel ils sont employés.

Les sujets des compositions et les imprimés nécessaires sont envoyés sous plis cachetés par le Ministre à tous les commandants de corps d'armée.

Le commandant de corps d'armée désigne un officier supérieur de cavalerie auquel il adjoint un ou plusieurs capitaines pour surveiller les compositions et dresser le procès-verbal des séances, lequel doit faire mention des divers incidents qui ont pu se produire.

Les capitaines adjoints à l'officier supérieur pourront être choisis dans une autre arme que la cavalerie. Leur nombre sera en proportion du nombre de candidats convoqués dans chaque corps d'armée.

Le commandant de corps d'armée ne peut en aucun cas adjoindre à l'officier supérieur des capitaines de cavalerie chargés, dans leur régiment, de la direction du cours préparatoire ou participant, dans une mesure quelconque, à l'enseignement donné aux élèves de ce cours.

Art. 7. L'officier supérieur désigné pour exercer la surveillance des épreuves d'instruction générale veille, sous sa responsabilité personnelle, à ce que ces épreuves aient lieu dans les conditions de sincérité les plus absolues. :

Dans ce but, il s'assure, la veille du jour fixé pour le commencement des examens, que la salle de composition ne renferme aucun objet (livres, cahiers, cartes, plans-reliefs, mappemondes, tableaux, etc.) pouvant fournir aux sous-officiers une indication quelconque.

Le jour de l'ouverture des examens, et avant la première séance, il assigne à chaque candidat une place déterminée, en s'efforçant, dans la mesure du possible, de ne pas placer l'un à côté de l'autre des sous-officiers appartenant au même régiment et en séparant les concurrents par un intervalle suffisant pour qu'il ne puisse s'établir entre eux aucune communication.

Avant le commencement des épreuves, l'officier supérieur chargé de la surveillance fait donner connaissance aux candidats des dispositions contenues dans les articles 8, 9, 10, 11, 12, 14, 15 et 16 de la présente instruction et leur rappelle, en quelques mots, que chacun d'eux doit, par sentiment d'honneur et par esprit de justice, écarter tout secours frauduleux

Il s'assure, d'ailleurs, avec le plus grand soin, que les sous-officiers n'ont en leur possession ni ouvrage, ni manuscrit, ni notes susceptibles de les aider dans leur travail.

Il ne leur permet sous aucun prétexte de quitter la salle d'examen avant d'avoir remis au préalable leur feuille de composition. Dans ce cas, les candidats sortis avant l'expiration du temps accordé pour la composition ne doivent plus rentrer dans la salle. Il peuvent être admis aux compositions suivantes, mais non autorisés à faire une nouvelle composition analogue à celle qu'ils n'ont pu achever.

Afin de ne pas porter atteinte à la sincérité des épreuves, l'officier supérieur chargé de la surveillance tient la main à ce qu'il ne soit donné aucun conseil ou éclaircissement aux candidats.

Il a le droit de résoudre toutes les questions qui peuvent s'élever pendant la durée de l'examen d'instruction générale et de prononcer, s'il y a lieu, l'exclusion des candidats convaincus de fraude (art. 16).

Art. 8. Les examens d'instruction générale comprennent :

1° Une dictée (le texte de la dictée doit être lu préalablement en son entier, puis dicté, et relu de nouveau à voix posée et avec l'intonation nécessaire pour faire sentir la ponctuation, qui, dans aucun cas, ne doit être dictée) ;

2° Une narration sur un sujet d'histoire (cette composition est appréciée au double point de vue du style et de la connaissance du sujet) ;

3° Une composition sur un sujet de géographie ;

4° Une composition d'arithmétique (résolution de problèmes et questions théoriques) ;

5° Une composition de géométrie et de topographie (résolution de problèmes et questions théoriques).

Les candidats doivent reproduire sur les feuilles de composition la série complète des opérations effectuées pour résoudre les questions théoriques et les problèmes, et indiquer le raisonnement qui a conduit au résultat obtenu.

Nota. — La composition de narration sur un sujet d'histoire et la composition de géographie peuvent toutes les deux comporter, en raison des questions posées, l'exécution facultative de croquis dont il est tenu compte dans la détermination de la cote à attribuer à chacune de ces épreuves. Ces croquis doivent être faits uniquement sur des feuilles envoyées du ministère.

Art. 9. L'officier supérieur chargé de la surveillance fait décacheter, en présence des candidats, l'enveloppe renfermant chaque sujet de composition.

Le procès-verbal de la séance doit constater si le cachet était intact.

Art. 10. Les compositions sont faites sur des feuilles à en-tête imprimé envoyées du ministère. Ces feuilles sont délivrées aux sous-officiers, au commencement de chaque séance. Chaque candidat y inscrit lisiblement sans aucune abréviation, dans l'ordre exact où ils sont mentionnés sur son acte de naissance, son nom patronymique et ses prénoms, ainsi que son emploi et son régiment, et, avant de remettre son travail, appose sa signature à l'endroit indiqué sur l'en-tête de la composition.

Art. 11. Il est accordé aux candidats :

1° Pour relire la dictée, un quart d'heure ;
2° Pour la narration sur un sujet d'histoire, quatre heures ;
3° Pour la composition de géographie, quatre heures ;
4° Pour la composition d'arithmétique, trois heures ;
5° Pour la composition de géométrie et de topographie, trois heures.

non compris le temps nécessaire pour la dictée du sujet.

Art. 12. Les compositions sont faites en deux journées, savoir :

Le premier jour : le matin, la dictée et la composition de géométrie et de topographie ; le soir, la composition de géographie ;

Le lendemain (ou le surlendemain si le lendemain est un dimanche) : le matin, la composition de narration sur un sujet d'histoire ; le soir, la composition d'arithmétique.

Art. 13. A l'expiration du temps accordé pour chaque composition, les copies sont recueillies. Elles sont immédiatement réunies. après chaque épreuve et en présence des candidats, dans une très solide enveloppe portant en suscription l'indication de son contenu. qui est scellée et contresignée, séance tenante, par l'officier supérieur chargé de la surveillance, et envoyée le jour même directement au Ministre (2ᵉ Direction, Bureau de la Cavalerie), sous pli chargé renfermant également le procès-verbal de chaque séance. Ce procès-verbal est signé par tous les officiers surveillants.

Les plis remis à la poste doivent être confectionnés de manière à parvenir intacts au ministère et porter en caractères très apparents la mention suivante : « Concours des sous-officiers de cavalerie pour l'admission à Saumur — Très confidentiel » (1).

Art. 14. Tout candidat qui ne remet pas l'une quelconque des compositions, ou dont une composition est cotée 0, ou qui ne se présente pas à l'une des épreuves, est, par cela même, exclu du concours. Mais les compositions inachevées n'entraînent pas nécessairement l'exclusion.

Art. 15. Les compositions sont corrigées au ministère par une commission d'officiers de cavalerie nommée à cet effet par le Ministre.

Avant la remise des compositions aux correcteurs, la partie de chacune des feuilles sur laquelle se trouvent le nom et la signature du candidat est détachée dans les bureaux du ministère. Les noms sont remplacés par des numéros d'ordre.

---

(1) Il est recommandé d'une façon toute spéciale à l'officier supérieur chargé de la surveillance des compositions, d'apporter le plus grand soin aux différentes opérations mentionnées à l'article 13 et, notamment, de n'employer que des enveloppes d'un papier assez fort pour résister aux diverses causes de détérioration auxquelles les exposent les nombreuses manipulations qu'elles ont à subir dans leur transport.

Les parties enlevées sont mises sous scellés.

Les compositions sont cotées par les correcteurs ; elles reçoivent un numéro de mérite compris dans l'échelle de 0 à 20.

Art. 16. Toute cote pour la dictée, inférieure à 14, entraîne à elle seule l'exclusion, qui atteint également tout candidat convaincu de fraude.

Cette dernière disposition (fraude) porte non seulement sur le concours commencé, mais encore, en principe, snr ceux des années suivantes.

Tout sous-officier exclu pour fraude ne sera plus admis à concourir pour élève-officier, qu'autant qu'il aura prouvé, pendant un temps suffisant, qu'il a réellement compris la gravité de sa faute et s'est pénétré des devoirs qui incombent à un officier.

Art. 17. La cote donnée à chaque composition est inscrite, en toutes lettres, sur la composition même, qui, une fois la correction terminée et la cote arrêtée, est signée par l'officier correcteur et par le président de la commission.
 Le nombre de points attribué à chaque composition est déterminé par le produit de la multiplication de la cote de cette composition par le coefficient correspondant à la nature de l'épreuve.

Art. 18. Dès que les corections sont terminées, les compositions, accompagnées d'un état général indiquant, en regard de leur numéro d'ordre, la cote attribuée à chacune d'elles, le produit de cette cote par le coefficient affecté à chaque épreuve et la somme des divers produits, sont retournées au Ministre par les correcteurs.

La commission vérifie avec le plus grand soin l'exactitude des calculs contenus dans l'état général ci-dessus mentionné, qui est signé par tous les correcteurs.

Art. 19. Sont seuls déclarés admissibles à l'examen oral d'instruction militaire, les candidats qui ont obtenu, pour l'ensemble de leurs compositions, au moins 390 points (chiffre correspondant à la cote moyenne 13).

Art. 20. Les noms des candidats déclarés admissibles sont publiés au *Journal officiel* et portés à la connaissance des généraux gouverneurs militaires et commandants de corps d'armée, qui les notifient aux chefs de corps ou de service intéressés.

La liste des admissibles, publiée au *Journal officiel*, est établie par corps d'armée et par régiment, compagnie de remonte ou école. Dans chaque unité, les candidats sont classés par ordre alphabétique.

Les sous-officiers déclarés admissibles, mais qui ne sont pas compris sur la liste définitive de classement, sont astreints à subir de nouveau, l'année suivante, les épreuves d'instruction générale, si leur candidature est reproduite.

EXAMEN ORAL D'INSTRUCTION MILITAIRE.

Art. 21. Une commission unique est chargée de faire subir l'examen d'instruction militaire aux sous-officiers déclarés admissibles à la suite des épreuves d'instruction générale.

Cette commission se compose de trois membres nommés par le Ministre de la guerre, savoir :

Un colonel ou lieutenant-colonel de cavalerie, *président.*

Deux chefs d'escadrons de cavalerie, *membres.*

Art. 22. L'examen théorique porte sur les matières indiquées à l'article 4 des bases de l'instruction du règlement du 31 mai 1882, au paragraphe intitulé « Instruction des sous-officiers », et au tableau indiquant les différentes instructions à donner dans le régiment, en y ajoutant des notions sommaires sur :

1º Les différentes formations du régiment;

2º L'instruction du tir (manuel de tir);

3º Le transport des troupes de cavalerie par les voies ferrées;

4º Le pétard à l'usage de la cavalerie et son emploi;

5º Les principales lois régissant l'armée, en ce qui concerne l'organisation générale, les cadres et les effectifs, le recrutement de l'armée et le rengagement des sous-officiers;

6º L'administration d'un escadron.

L'examen pratique porte sur les matières ci-après :

Ecole du cavalier à pied et à cheval (commandement et exécution);

Ecole du peloton à pied et à cheval (commandement);

Commandement du peloton dans l'escadron;

Solution d'une question de service en campagne;

Lecture de la carte sur le terrain;

Equitation, escrime, voltige.

Les candidats qui en feront la demande au président de la commission d'examen pourront être examinés sur une ou plusieurs des langues étrangères suivantes : allemand, anglais, arabe, espagnol, italien, russe.

Art. 23. L'examen d'instruction militaire commence, chaque année, le 5 mai (ou le 6 si le 5 tombe un dimanche).

La commission siège d'abord à Paris, puis se transporte successivement à Lyon, Marseille, Limoges, Tours, Compiègne et Châlons, ou inversement à Châlons, Compiègne, Tours, Limoges, Marseille et Lyon, en alternant tous les ans.

En 1898, la commission commencera ses opérations en province par le centre de Châlons.

Sont convoqués à Paris, les candidats stationnés dans le gouvernement militaire de Paris et sur le territoire des 4e et 5e corps d'armée.

Sont convoqués à Lyon, les candidats stationnés dans le gouvernement militaire de Lyon et sur le territoire des 7e, 8e, 13e et 14e corps d'armée.

Sont convoqués à Marseille, les candidats stationnés sur le terri-toire des 15e et 19e corps d'armée et en Tunisie.

Sont convoqués à Limoges, les candidats stationnés sur le terri-toire des 12e, 16e, 17e et 18e corps d'armée.

Sont convoqués à Tours, les candidats stationnés sur le terri-toire des 9e, 10e et 11e corps d'armée.

Sont convoqués à Compiègne, les candidats stationnés sur le territoire des 1er, 2e et 3e corps d'armée.

Sont convoqués à Châlons, les candidats stationnés sur le terri-toire du 6e corps d'armée.

Art. 24. Le président de la commission fait connaître, au moins six jours à l'avance, au Ministre et à chacun des gouverneurs militaires ou commandants de corps d'armée intéressés, la date à laquelle la commission commencera ses opérations dans les différentes villes, centres d'examen.

Pendant la durée des épreuves, les candidats sont placés en subsistance dans un des corps de la garnison.

Art. 25. Le président de la commission reçoit, pour chaque centre, une liste nominative sur laquelle tous les candidats appelés à subir les examens dans ce centre sont inscrits dans l'ordre alphabétique, sans distinction de régiment ni de corps d'armée.

Le président de la commission convoque, au moyen d'avis adressés directement par lui aux chefs de corps ou de service, les candidats mentionnés sur cette liste, dans l'ordre exact où ils sont classés et par séries successives, comprenant chacune le nombre de sous-officiers susceptibles d'être examinés dans le courant d'une même journée. Dans chaque série, le tour d'exa-men des candidats est déterminé par le sort.

Les sous-officiers faisant partie de la même série sont convo-qués de manière à être rendus à destination l'avant-veille du jour où ils doivent subir les épreuves. Ils sont mis en route pour rejoindre leur corps dans la journée qui suit celle où ils ont été interrogés.

Par exception, les sous-officiers de l'Algérie et de la Tunisie sont convoqués en une seule série. A leur arrivée à Marseille, ils sont mis en subsistance dans un des corps de la garnison par les soins de M. le général commandant le 15e corps d'armée qui, les examens terminés, leur fait rejoindre leurs régiments respectifs dans le plus bref délai possible.

Art. 26. La commission exclut, à la majorité des voix, tous les sous-officiers qui ne se présentent pas à leur tour d'examen, sauf motifs valables qu'elle apprécie sans appel.

Lorsqu'un candidat, faisant valoir une excuse légitime, demande à subir l'examen d'instruction militaire dans un centre autre que celui dans lequel il a été ou aurait dû être convoqué, il en est rendu compte d'urgence au Ministre, qui assigne, s'il y a lieu, à ce candidat un autre centre d'examen.

Art. 27. Sur la demande du président de la commission, les commandants d'armes mettent à sa disposition, dans chaque centre, le nombre d'hommes et de chevaux nécessaire et désignent les locaux et terrains à affecter aux examens d'instruction militaire théorique et pratique.

Art. 28. Les questions pour l'examen d'instruction militaire (théorique et pratique) sont tirées au sort.

Les chevaux à affecter aux candidats sont également désignés par la voie du sort, sur l'ensemble de ceux mis à la disposition de la commission.

Art. 29. L'entrée de la salle d'examen est facultative pour les candidats régulièrement convoqués dans les conditions déterminées à l'article 25. Elle est interdite aux autres candidats et au public.

L'autorité militaire locale prend les mesures nécessaires pour assurer la stricte observation de cette prescription.

Art. 30. Chacun des membres de la commission donne aux candidats, pour les différentes parties de l'examen théorique et pratique sur lesquelles ils ont été successivement interrogés, une cote numérique entière prise dans l'échelle de 0 à 20. La moyenne, en chiffre entier, des trois cotes données, représente la note définitive à attribuer aux candidats pour chacune des diverses matières, et le produit de cette note par le coefficient correspondant à la nature de l'épreuve donne le nombre de points acquis aux candidats pour cette épreuve.

Art. 31. Immédiatement après la clôture des opérations dans chaque centre, le président de la commission fait parvenir directement au Ministre les résultats des examens.

Ces résultats sont consignés sur un état spécial, revêtu de la signature de tous les membres de la commission qui doivent s'assurer, avant de l'arrêter, de la parfaite régularité des calculs déterminant le nombre total de points attribué à chaque candidat.

Le président de la commission rend compte, en même temps au Ministre, des incidents qui ont pu se produire, et lui signale les noms des sous-officiers qui, pour un motif quelconque, n'ont pas subi les épreuves.

COEFFICIENTS.

Art. 32. Les coefficients attribués aux divers éléments du concours sont ainsi fixés :

NOTE D'ENSEMBLE.

(Conduite, tenue, capacité, aptitude au commandement, équitation.)

Note du chef de corps ou de service	5	
Note du général de brigade	5	20
Note de l'inspecteur général	10	

(A défaut de note du général de brigade, celle du chef de corps ou de service a pour coefficient 8 et celle de l'inspecteur général 12.)

INSTRUCTION GÉNÉRALE.

Dictée	5	
Narration sur un sujet d'histoire	8	
Géographie	6	30
Arithmétique	6	
Géométrie et topographie	5	

INSTRUCTION MILITAIRE.

Théoric.	Règlements d'exercices	4	
	Service en campagne	3	
	Hippologie et hygiène des chevaux	3	
	Service intérieur	2	18
	Service des places	2	
	Topographie et lecture des cartes	2	
	Administration et comptabilité	2	
Pratique.	Règlements d'exercices	18	32
	Service en campagne	14	

100 au total; Théorie 18, Pratique 32 → 50.

LANGUES ÉTRANGÈRES.

(Facultatives.) (1)

Allemand	1
Autres langues	1/2

MAJORATIONS.

Art. 33. Des majorations de points sont accordées aux sous-officiers qui se trouvent dans une ou plusieurs des situations suivantes :

1° Chaque année complète de grade de sous-officier au 30 juin de l'année de la proposition, en excédent des deux années exigées, donne droit à une majoration de vingt points   20

(La majoration pour ancienneté de grade ne peut, dans aucun cas, être supérieure à quatre-vingts points.)

2° Tout sous-officier qui, au 1er novembre de l'année de la proposition, compte un an au moins d'ancienneté dans l'emploi de maréchal des logis chef, a droit à une majoration de vingt-cinq points (2)   25

En outre, chaque année complète d'exercice de cet emploi en sus de la première donne droit à une majoration de dix points   10

(Les sous-officiers non pourvus de l'emploi de maréchal des logis chef à l'époque de leur proposition, comptent néanmoins les majorations qui leur sont acquises pour l'exercice antérieur de cet emploi.)

---

(1) Toute note inférieure à 12 sera portée pour mémoire seulement et n'augmentera pas le nombre des points du candidat.

Le nombre des points accordés à un candidat pour la connaissance de plusieurs langues étrangères ne pourra dépasser 30.

(2) Les chefs de corps informeront immédiatement le Ministre des mutations concernant les maréchaux des logis chefs, qui viendraient à se produire après l'établissement des propositions et qui pourraient modifier ou supprimer le droit à cette majoration.

3º Chaque campagne de guerre donne droit à une majoration de dix points... 10
Chaque campagne résultant du simple fait du séjour, en temps de paix, en Algérie ou en Tunisie, donne droit à une majoration de cinq points............ 5
(Les campagnes doivent toujours être comptées simples. Les campagnes en cours de durée sont arrêtées au 31 décembre de l'année de la proposition.)

4º Chaque blessure reçue à l'ennemi donne droit à une majoration de dix points. 10
(Plusieurs blessures reçues dans une même affaire ne comptent que pour une seule.)

5º Chaque citation à l'ordre de l'armée ou d'un corps expéditionnaire donne droit à une majoration de dix points 10

6º Tout sous-officier décoré de la médaille militaire a droit à une majoration de vingt points.. 20
Tout sous-officier décoré de la Légion d'honneur a droit à une majoration de quarante points 40
(Ces deux majorations peuvent se cumuler.)

NOTA. — Il n'est tenu compte, en aucun cas, des majorations excédant le chiffre de cent cinquante points.

Art. 34. Des majorations de points sont également accordées aux sous-officiers qui justifient de diplômes universitaires ou de l'admissibilité à l'une des Ecoles polytechnique et spéciale militaire ou à l'Ecole navale dans les 150 premiers candidats.

Ces majorations sont calculées comme il suit :

Baccalauréat classique (ensemble 15 points).	1re partie		5 points.
	2e partie. { 1re série : philosophie................		5 —
	{ 2e série : mathématiques.............		5 —
Baccalauréat moderne (ensemble 15 points).	1re partie.....................		5 —
	2e partie. { 1re série : philosophie................		5 —
	{ 2e et 3e séries : sciences et mathématiques		5 —
Baccalauréat ès lettres..................			15 —
— ès sciences			15 —
— de l'enseignement secondaire spécial............			15 —
Le candidat justifiant de deux ou plusieurs de ces diplômes aura droit à une majoration qui ne pourra dépasser vingt points............			20 —
Admissibilité à l'Ecole navale (dans les 150 premiers), à l'Ecole polytechnique ou à l'Ecole de Saint-Cyr (dans un rang quelconque) ou à plusieurs de ces écoles............			15 —
Admission à l'une des Ecoles polytechnique ou spéciale militaire ou à ces deux écoles............			25 —

(Cette majoration ne se cumule pas avec la précédente.)

CLASSEMENT DES CANDIDATS.

Art. 35. Lorsque tous les mémoires de proposition et tous les résultats de l'examen d'instruction militaire lui sont parvenus, le Ministre fait transcrire sur ces documents le nombre total des points obtenus par chaque candidat, tant pour l'examen d'instruction générale que pour l'examen d'instruction militaire, et fait procéder au classement, par ordre de mérite, des candidats, d'après le total général des points obtenus par chacun d'eux dans les différentes épreuves (note d'ensemble, examen d'instruction générale, examen d'instruction militaire, majorations).

Art. 36. A égalité de points, l'ancienneté dans le grade de sous-officier donne la priorité.

Art. 37. Le Ministre fixe, chaque année, le nombre des sous-officiers à admettre, d'après l'ordre de classement, à suivre les cours de la division des élèves-officiers à l'Ecole d'application de cavalerie.

Les noms des sous-officiers désignés pour aller à Saumur sont publiés au *Journal officiel* et portés à la connaissance des généraux gouverneurs militaires et commandants de corps d'armée, qui les notifient aux chefs de corps ou de service intéressés.

SÉNÉGAL, SOUDAN, MADAGASCAR, TONKIN, ETC.

Art. 38. Les sous-officiers employés dans les colonies ou dans les pays de protectorat autres que l'Algérie et la Tunisie (Sénégal, Soudan, Madagascar, Tonkin, etc.) doivent satisfaire aux conditions imposées par la présente instruction en ce qui concerne l'ancienneté dans le grade de sous-officier.

Ils ne sont astreints qu'aux épreuves écrites mentionnées à l'article 8. Le commandant militaire donne lui-même le sujet des compositions, fixe la date de ces épreuves, indique les localités dans lesquelles elles doivent être subies et les soumet ensuite à l'examen de correcteurs nommés par lui.

Le mémoire de proposition indiquant : 1° les notes du chef de corps et des généraux ; 2° les différentes majorations auxquelles le candidat a droit pour ses services ; 3° les notes obtenues pour les compositions écrites, est joint au travail d'inspection de l'unité à laquelle appartient le sous-officier. A la réception de ces propositions, le Ministre apprécie et statue.

Ces dispositions sont applicables aux candidats de l'escadron de spahis sahariens.

Art. 39. Lorsque, par suite soit d'événements de guerre survenus aux colonies, en pays de protectorat ou en pays ennemi, soit de toute autre circonstance de force majeure, les sous-officiers proposés pour l'admission à l'Ecole de cavalerie sont dans l'impossibilité de subir les épreuves écrites nécessaires pour établir leur instruction générale, il est fait un rapport au Ministre, qui apprécie les circonstances et statue sur le vu du mémoire de proposition établi en leur faveur.

Il est procédé de la même manière pour les sous-officiers dont, à raison de faits de guerre particuliers, les commandants des colonnes expéditionnaires demandent l'admission à l'Ecole d'application de cavalerie sans examen ou la nomination immédiate au grade de sous-lieutenant.

Art. 40. Les dispositions contenues dans la présente instruction, qui remplace et annule celle du 3 décembre 1896, commenceront à recevoir leur application pour le concours de 1898.

Le Ministre de la guerre,

Signé : Gal BILLOT.

<table>
<tr><td>

° CORPS D'ARMÉE.

—

° DIVISION

ou

° ARRONDISSEMENT
D'INSPECTION.

—

° Brigade.

</td><td>

MODÈLE.

(A établir par les soins des corps.)

RÉPUBLIQUE FRANÇAISE.

</td><td>

Exécution des prescriptions de l'article 1er de l'Instruction ministérielle du 30 novembre 1897.

Format tellière :
0m,813 sur 0m,206.

Le présent certificat doit être joint au mémoire de proposition.

Il n'est valable que pour l'année au titre de laquelle il a été délivré.

</td></tr>
</table>

CONCOURS

pour l'admission à l'Ecole d'application de cavalerie en 189   .

° **Régiment de**

CERTIFICAT

D'INSTRUCTION GÉNÉRALE ET D'INSTRUCTION MILITAIRE

THÉORIQUE ET PRATIQUE

délivré à M.

Le Colonel et les officiers supérieurs du   ° régiment de
certifient que, au point de vue de l'instruction générale et de l'instruction
militaire théorique et pratique, M.   est apte
à subir les examens d'admission à l'École d'application de cavalerie.

A   , le   189   .

Le Major,   *Le Chef d'escadrons,*   *Le Chef d'escadrons,*

Le Lieutenant-Colonel,   *Le Colonel,*

<table>
<tr><td>

° CORPS D'ARMÉE.

—

° DIVISION
ou
° ARRONDISSEMENT
D'INSPECTION.

—

° Brigade.

</td><td>

MODÈLE.

(A établir par les soins du corps.)

A   , le   janvier 189 .

° RÉGIMENT DE

</td></tr>
</table>

ETAT des sous-officiers présentés pour subir, en 189 , les examens pour l'admission à l'Ecole de cavalerie en qualité d'élèves officiers.

NUMÉROS matricules.	NOMS.	GRADES.	AVIS du GÉNÉRAL DE BRIGADE.	DÉCISION du GÉNÉRAL INSPECTEUR.

NOTA. — Cet état fait retour au corps assez à temps pour qu'il puisse établir les mémoires de proposition.

INSTRUCTION GÉNÉRALE

QUESTIONNAIRE D'HISTOIRE MILITAIRE.

QUESTION Nº 1. — *Exposé très sommaire de l'histoire de France depuis son origine jusqu'à l'avènement de Louis XIV* : La Gaule. — Les Mérovingiens. — Les Carlovingiens. — Les Capétiens. — Branche des Valois. — Branche des Bourbons. — Etat de l'Europe en 1643.

QUESTION Nº 2. — *Règne de Louis XIV, jusqu'à la paix de Nimègue* : Minorité de Louis XIV. — Régence d'Anne d'Autriche et ministère de Mazarin. — Fin de la guerre de Trente ans. — Le grand Condé et Turenne; Rocroy, Nordlingen, Fribourg, Lens. — Traité de Westphalie. — La Fronde. — Continuation de la guerre avec l'Espagne. — Bataille des Dunes. — Traité des Pyrénées. — Gouvernement personnel de Louis XIV. — Colbert. — Louvois. — Vauban. — Guerre de dévolution. — Traité d'Aix-la-Chapelle. — Guerre de Hollande. — Traité de Nimègue.

QUESTION Nº 3. — *Règne de Louis XIV, depuis le traité de Nimègue jusqu'à la mort du roi* : Ligue d'Augsbourg. — Luxembourg. — Catinat. — Traité de Ryswick. — Guerre de la succession d'Espagne, Vendôme, Villars. — Bataille de Denain. — Traités d'Utrecht et de Rastadt.

QUESTION Nº 4. — *Règne de Louis XV, jusqu'au traité d'Aix-la-Chapelle* : Régence du duc d'Orléans. — Ministère de Fleury. — Guerre de la succession de Pologne. — Traité de Vienne. — Guerre de la succession d'Autriche; le maréchal de Saxe; victoire de Fontenoy. — Traité d'Aix-la-Chapelle.

QUESTION Nº 5. — *Règne de Louis XV, depuis le traité d'Aix-la-Chapelle, jusqu'à la mort du roi* : Dupleix. — Guerre de Sept ans : défaite de Rosbach; désastres sur mer. — Traité de Paris. — Perte de nos plus belles colonies. — Choiseul. — Réunion de la Lorraine et de la Corse. — Partage de la Pologne.

QUESTION Nº 6. — *Règne de Louis XVI, jusqu'à la convocation des Etats généraux* : Louis XVI. — Turgot. — Necker. — Guerre d'Amérique. — Traité de Versailles. — Convocation des Etats généraux. — Etat de la France en 1789. — Le XVIIIᵉ siècle.

QUESTION Nº 7. — *Règne de Louis XVI, depuis la convocation des Etats généraux jusqu'au 10 août. — La Révolution jusqu'à la fin de la Convention* : Assemblée constituante. — Prise de la Bastille. — Journées des 5 et 6 octobre. — Réformes de l'Assemblée constituante. — Assemblée législative. — Guerre contre l'Autriche et la Prusse. — Manifeste du duc de Brunswick. — Journée du 10 août, et chute de la royauté. — Histoire intérieure de la Convention.

QUESTION N° 8. — *Les guerres sous l'Assemblée législative et la Convention :* Guerre contre l'Autriche et la Prusse. — Valmy. — Jemmapes. — Dumouriez. — Première coalition. — Carnot. — Pichegru. — Jourdan. — Hoche. — Soulèvement de la Vendée. — Bataille de Quiberon.

QUESTION N° 9. — *Le Directoire :* Le Directoire. — Campagne d'Italie. — Expédition d'Egypte. — Deuxième coalition. — Campagne de 1799.

QUESTION N° 10. — *Le Consulat :* Constitution de l'an VIII. — Organisation administrative. — Campagne d'Italie. — Montebello. — Marengo. — Convention d'Alexandrie. — Campagne d'Allemagne. — Hohenlinden. — Traité de Lunéville. — Institutions militaires du Consulat. — Création de la Légion d'honneur.

QUESTION N° 11. — *L'Empire jusqu'à la paix de Tilsitt :* Etablissement de l'Empire. — Troisième coalition. — Campagne de 1805. — Elchingen. — Ulm. — Austerlitz. — Traité de Presbourg. — Quatrième coalition. — Campagne contre la Prusse. — Iéna. — Auerstædt. — Blocus continental. — Eylau. — Friedland. — Paix de Tilsitt.

QUESTION N° 12. — *L'Empire, depuis le traité de Tilsitt jusqu'à la campagne de Russie :* Guerre d'Espagne. — Cinquième coalition. — Campagne de 1809 en Autriche. — Eckmühl. — Essling. — Wagram. — Traité de Vienne.

QUESTION N° 13. — *L'Empire depuis la campagne de Russie jusqu'à la bataille de Leipsick :* Campagne de 1812 en Russie. — Bataille de la Moskova. — Incendie de Moscou. — Campagne de 1813. — Lutzen. — Bautzen. — Dresde. — Désastre de Leipsick.

QUESTION N° 14. — *L'Empire depuis la bataille de Leipsick jusqu'à l'abdication de Napoléon. — Première Restauration. — Les Cent-Jours :* Campagne de France en 1814. — Brienne. — Champaubert. — Montmirail. — Bataille de Paris. — Bataille de Toulouse. — Abdication de Napoléon. — Premier traité de Paris. — Première Restauration. — Les Cent-Jours. — Ligny. — Waterloo. — Deuxième traité de Paris. — Frontière française.

QUESTION N° 15. — *La Restauration :* Seconde Restauration. — Louis XVIII. — Guerre d'Espagne en 1823. — Charles X. — Intervention de la France en Grèce. — Bataille de Navarin. — Expédition d'Algérie. — Prise d'Alger. — Journées de Juillet 1830. — Les lettres, les arts et les sciences.

QUESTION N° 16. — *Branche cadette des Bourbons :* Avènement de Louis-Philippe. — Siège d'Anvers. — Conquête de l'Algérie. — Siège de Constantine. — Bugeaud. — Bataille d'Isly. — Soumission d'Abd-el-Kader. — Révolution du 24 février 1848.

Question nº 17. — *La République de 1848. — L'Empire jusqu'à la fin de la campagne du Mexique :* République de 1848. — Intervention romaine. — L'Empire. — Avènement de Napoléon III.— Guerre de Crimée. — Prise de Sébastopol. — Traité de Paris. — Guerre d'Italie : Magenta et Solférino. — Paix de Villafranca. — Guerre de Chine. — Combat de Palikao. — Campagne du Mexique. — Siège de Puébla. — Maximilien.

Question nº 18. — *L'Empire depuis la fin de la guerre du Mexique jusqu'à la fin de la guerre de 1870 exclusivement :* Situation de l'Allemagne. — Guerre de la Prusse et de l'Autriche contre le Danemark. — Bataille de Duppel. — Convention de Gastein. — Guerre de 1866 entre la Prusse et l'Autriche. — Bataille de Sadowa ; ses conséquences. — Traité de Prague.

Question nº 19. — *La guerre de 1870-1871 jusqu'à la chute de l'Empire :* Guerre de 1870-1871. — Wissembourg. — Wœrth. — Sarrebruck. — Siège de Metz. — Borny. — Rezonville. — Saint-Privat. — Bataille de Sedan.

Question nº 20. — *La guerre de 1870-1871, sous la République :* Siège de Paris. — Capitulation de Metz. — Continuation de la guerre sur la Loire, dans le Nord et dans l'Est. — Coulmiers. — Capitulation de Paris. — Traité de Francfort.

QUESTIONNAIRE DE GÉOGRAPHIE.

Question nº 1. — *Etude du globe :* Pôles. — Equateur. — Méridien. — Parallèles. — Latitude. — Longitude. — Continents. — Océans. — Races.

Question nº 2. — *Asie :* Généralités. — Bornes. — Mers. — Montagnes. — Fleuves. — Principaux Etats. — Possessions anglaises. — Possessions françaises. — Possessions portugaises.

Question nº 3. — *Afrique :* Généralités. — Bornes. — Mers. — Montagnes. — Fleuves. — Principaux Etats. — Colonies françaises en Afrique. — Colonies anglaises, espagnoles, portugaises.

Question nº 4. — *Amérique :* Généralités. — Bornes. — Mers. — Montagnes. — Fleuves. — Principaux Etats de l'Amérique. — Possessions européennes en Amérique. — Possessions françaises en Amérique.

Question nº 5. — *Océanie :* Colonies européennes. — Colonies françaises.

Question nº 6. — *Europe :* Bornes. — Mers et Détroits. — Presqu'îles et Caps. — Iles. — Montagnes.

Question nº 7. — *Europe :* Fleuves. — Leur direction générale. — Les principales villes qu'ils arrosent. — Leurs principaux affluents. — Nomenclature des 18 Etats de l'Europe.

Question nº 8. — *Allemagne :* Principaux Etats. — Villes principales. — Frontières. — Armée. — Etablissements maritimes.

Angleterre : Les trois Royaumes. — Villes principales. — Armée. — Organisation défensive.

QUESTION N° 9. — *Autriche-Hongrie* : Principaux Etats. — Villes principales. — Frontières. — Organisation militaire. — Etablissements maritimes.

Russie : Principaux Etats. — Villes principales. — Frontières. — Organisation militaire. — Etablissements maritimes.

Italie : Principaux Etats. — Villes principales. — Frontières. — Organisation militaire. — Etablissements maritimes.

QUESTION N° 10. — *Espagne, Portugal, Suisse, Belgique, Hollande, Danemark, Suède et Norvège* : Villes principales. — Frontières. — Organisation militaire.

QUESTION N° 11. *Turquie, Roumanie, Serbie, Monténégro, Bulgarie, Grèce* : Villes principales. — Frontières. — Organisation militaire.

QUESTION N° 12. — *France* : Montagnes. — Fleuves frontières. — Frontière du Nord. — Bassins de l'Escaut, de la Meuse, de la Seine et de la Somme.

QUESTION N° 13. — *France* : Frontière du Nord-Est. — Bassin de la Moselle.

QUESTION N° 14. — *France* : Frontière de l'Est et du Sud-Est. — Bassin du Rhône.

QUESTION N° 15. — *France* : Frontière du Sud-Ouest ou des Pyrénées. — Bassins de l'Aude, de la Garonne et de l'Adour.

QUESTION N° 16. — *France* : Massif central. — Bassin de la Loire. — Bassins côtiers entre la Loire et la Garonne et entre la Loire et la Seine.

QUESTION N° 17. — *France* : Frontières maritimes. — Nature des côtes. — Ports principaux. — Défense des côtes. — Corse.

QUESTION N° 18. — *Algérie* : Limites. — Côtes. — Intérieur. — Principales villes. — Cours d'eau. — Montagnes. — Population. — Organisation. — Défense de l'Algérie.

QUESTION N° 19. — Organisation administrative et militaire de la France. — Armée. — Marine.

QUESTION N° 20. — Principaux chemins de fer de la France. — Réseaux Ouest, Nord, Est, Paris-Lyon-Méditerranée, Orléans, Midi.

QUESTIONNAIRE D'ARITHMÉTIQUE.

QUESTION N° 1. — Principes élémentaires de l'arithmétique. — Définitions. — Numération.

QUESTION N° 2. — Addition et soustraction des nombres entiers.

QUESTION N° 3. — Multiplication des nombres entiers. — Principes ayant trait à la multiplication. — Carré d'un nombre, cube d'un nombre. — De la nature du produit dans une multiplication de nombres concrets.

QUESTION N° 4. — Division des nombres entiers. — Définition. — Théorèmes fondamentaux.

QUESTION N° 5. — Pratique de la division. — Simplifications. — Preuve de la division par la multiplication, et de la multiplication par la division.

QUESTION n° 6. — Divisibilité des nombres. — Caractères de la divisibilité d'un nombre par 2, 3, 4, 5, 9.

QUESTION N° 7. — Définition d'un nombre premier. — Preuve par 9 des opérations.

QUESTION n° 8. — Fractions ordinaires : principes fondamentaux.

QUESTION N° 9. — Nombre fractionnaire. — Expression fractionnaire. — Convertir en expression fractionnaire un nombre entier, puis un nombre fractionnaire. — Extraire les unités d'une expression fractionnaire. — Réduction des fractions au même dénominateur.

QUESTION N° 10. — Addition et soustraction des fractions ordinaires.

QUESTION N° 11. — Multiplication des fractions. — Multiplication d'une fraction par un nombre entier, d'un nombre entier par une fraction, d'une fraction par une autre fraction, de nombres entiers accompagnés de fractions.

QUESTION N° 12. — Division des fractions ordinaires. — Division d'une fraction par un nombre entier, d'un nombre entier par une fraction, d'une fraction par une autre fraction, de nombres entiers accompagnés de fractions.

QUESTION N° 13. — Fractions décimales. — Nombres décimaux. — Changements produits par le déplacement de la virgule. — Opérations sur les nombres décimaux : addition, soustraction et multiplication.

QUESTION n° 14. — Division des fractions décimales et des nombres décimaux. — Évaluer en décimales le reste d'une division. — Faire la division de deux nombres, lorsque le diviseur est plus grand que le dividende. — Calculer un quotient à un dixième, à un centième, à un millième près. — Transformer une fraction ordinaire en fraction décimale, et inversement.

QUESTION N° 15. — Système métrique. — Unité fondamentale du système métrique. — Mesures de longueur. — Mesures de surface.

QUESTION N° 16. — Mesures de volume. — Mesures des bois de chauffage. — Mesures de capacité. — Mesures de poids. — Monnaies.

QUESTION n° 17. — Notions sur les rapports. — Proportions. — Applications du calcul à la résolution des problèmes usuels.

QUESTION N° 18. — Méthode de réduction à l'unité. — Règle de trois : simple, composée. — Calcul de « *tant pour cent* ».

QUESTION N° 19. — Règle d'intérêt. — Règle d'escompte. — Règle de partage. — Règle de société.

QUESTION N° 20. — Notions très élémentaires d'algèbre. — Notation algébrique. — Règle des signes.

QUESTIONNAIRE DE GÉOMÉTRIE.

QUESTION N° 1. — Définitions. — De la ligne droite et du plan. — Ligne brisée. — Ligne courbe. — Angles. — Angles adjacents, angles égaux. — Angles droit, aigu, obtus. — Perpendiculaire. — Verticale. — Par un point pris sur une droite, on peut mener une perpendiculaire à cette droite, et l'on ne peut en mener qu'une.

QUESTION N° 2. — Propriétés des angles adjacents et des angles opposés par le sommet.

QUESTION N° 3. — Triangles. — Dans un triangle, un côté quelconque est plus petit que la somme des deux autres. — Cas d'égalité des triangles.

QUESTION N° 4. — Triangle isocèle; ses propriétés. — Triangle équilatéral. — Bissectrice d'un angle. — Niveau de maçon.

QUESTION N° 5. — Propriétés de la perpendiculaire et de l'oblique. — Triangle rectangle; cas d'egalité des triangles rectangles.

QUESTION N° 6. — Propriétés de la bissectrice d'un angle. — Droites parallèles. — Deux droites perpendiculaires à une troisième sont parallèles entre elles. — Par un point pris hors d'une droite, on peut mener une parallèle à cette droite.

QUESTION N° 7. — Lorsque deux droites sont parallèles, toute droite perpendiculaire à l'une d'elles est perpendiculaire à l'autre. — Angle formé par deux parallèles et une sécante.

QUESTION N° 8. — Angles dont les côtés sont parallèles ou perpendiculaires. — Somme des angles d'un triangle et d'un polygone.

QUESTION N° 9. — Quadrilatère. — Parallèlogramme. — Rectangle. — Carré. — Losange. — Trapèze. — Propriétés du parallèlogramme.

QUESTION N° 10. — De la circonférence. — Rayon. — Diamètre. — Axe. — Corde. — Les arcs égaux sont sous-tendus par des cordes égales, et réciproquement. — Le rayon perpendiculaire à une corde divise cette corde et l'arc sous-tendu en deux parties égales. — Les cordes égales sont également distantes du centre.

QUESTION N° 11. — Trois points non en ligne droite déterminent une circonférence. — Tangente à la circonférence. —

La tangente est perpendiculaire à l'extrémité du rayon. — Positions relatives de deux circonférences.

QUESTION N° 12. — Mesure des angles. — Division de la circonférence en 360 degrés. — Des angles considérés à l'égard du cercle.

QUESTION N° 13. —Description et usage de la règle, du compas, de l'équerre et du rapporteur. — Vérification de ces instruments.

QUESTION N° 14. —Problèmes graphiques : Partager une droite en deux parties égales. — Partager un angle en deux parties égales. — Par un point pris sur une droite, élever une perpendiculaire à cette droite. — Par un point pris hors d'une droite abaisser une perpendiculaire sur cette droite. — Par un point donné, mener une parallèle à une droite. — Construire un angle égal à un angle donné.

QUESTION N° 15. — Problèmes graphiques : Construire un triangle, connaissant : 1° deux côtés et l'angle compris ; 2° un côté et les deux angles adjacents ; 3° les trois côtés. — Trouver le centre d'une circonférence donnée. — Tangentes à la circonférence.

QUESTION N° 16. — Lignes proportionnelles. — Définition. — Toute parallèle à l'un des côtés d'un triangle divise les deux autres côtés en parties proportionnelles. — Propriétés de la bissectrice de l'angle intérieur d'un triangle. — Problèmes : Partager une ligne en parties égales et en parties proportionnelles.

QUESTION N° 17. — Triangles semblables. — Cas de similitude. — Deux polygones semblables peuvent être décomposés en un même nombre de triangles semblables. — Propriété de la perpendiculaire abaissée du sommet de l'angle droit d'un triangle rectangle sur l'hypoténuse.

QUESTION N° 18. — Figures équivalentes. —Mesure des surfaces. — Surface du rectangle, du parallélogramme, du triangle, du trapèze, du losange, d'un polygone quelconque.

QUESTION N° 19. — Polygones réguliers inscrits et circonscrits. Mesure de la circonférence, de la surface du cercle. — Application numérique.

QUESTION N° 20. — Définition et mesure des principaux solides. — Donner sans démonstration les formules de leurs mesures.

QUESTIONNAIRE DE TOPOGRAPHIE.

QUESTION N° 1. — Topographie. — Définitions et objet. — Verticale. — Plan horizontal. — Projection d'un point, d'une ligne, d'un objet sur un plan.

QUESTION N° 2. — Cartes géographiques, topographiques. — Echelles ; leur usage. —Echelles employées le plus généralement.

QUESTION N° 3. — Désignation et représentation des objets à la surface du sol. — Planimétrie; son objet. — Eaux courantes; eaux stagnantes. — Ponts. — Gués.

QUESTION N° 4. — Désignation et représentation des voies de communication. — Lieux habités. — Cultures. — Terrains boisés et détail du sol.

QUESTION N° 5. — Etude et figuré des formes du terrain. — Altitude. — Pente. — Ligne de plus grande pente. — Commandement ou relief.

QUESTION N° 6. — Formes diverses qu'affecte le terrain. — Mamelon, croupe, vallée, col. — Ligne de partage des eaux. — Thalweg.

QUESTION N° 7. — Figuré du terrain au moyen des courbes. — Equidistance généralement adoptée suivant l'échelle.

QUESTION N° 8. — Représentation au moyen des courbes, d'un mamelon, d'une croupe, d'une vallée, d'un col.

QUESTION N° 9. — Figuré du terrain au moyen des hachures. — Règles générales du tracé des hachures. — Représentation d'un mamelon, d'une croupe, d'une vallée, d'un col. — Représentation des rochers et des escarpements.

QUESTION N° 10. — Tracé d'un profil, profil naturel, profil surhaussé. — Figuré du terrain au moyen de courbes et de teintes. — Plan en relief.

QUESTION N° 11. — Lecture des cartes. — Indication qu'on peut tirer de l'étude de la carte sur les ressources d'une région.

QUESTION N° 12. — Différentes manières de s'orienter.

QUESTION N° 13. — Emploi de la carte pour préparer l'exécution des petites opérations du service en campagne. — Placement d'une grand'garde, des petits postes, des vedettes.

QUESTION N° 14. — Emploi de la carte pour préparer la conduite d'un détachement, le choix d'un bivouac, l'établissement d'un cantonnement.

QUESTION N° 15. — Exécution d'un croquis. — Mesure des distances.

QUESTION N° 16. — Emploi d'instruments simples pour l'exécution d'un croquis. — Itinéraires.

QUESTION N° 17. — Reconnaissances. — Nécessité des reconnaissances. — Rapport. — Mémoire descriptif. — Tableau d'itinéraire.

QUESTION N° 18. — Reconnaissance d'une route, d'un chemin de fer, d'un cours d'eau, d'un canal.

QUESTION N° 19. — Reconnaissance d'un bois, d'un hameau, d'un village.

QUESTION N° 20. — Reconnaissance d'une hauteur, d'un défilé, d'un pont.

Tableau d'assemblage.

NUMÉROS TIRES.	HISTOIRE.	GÉOGRA- PHIE.	ARITHMÉ- TIQUE.	GÉOMÉ- TRIE.	TOPOGRA- PHIE.	OBSERVATIONS.
I	1	5	10	15	20	
II	2	6	11	16	19	
III	3	7	12	17	18	
IV	4	8	13	18	17	
V	5	9	14	19	16	
VI	6	10	15	20	15	
VII	7	11	16	1	14	
VIII	8	12	17	2	13	
IX	9	13	18	3	12	
X	10	14	19	4	11	
XI	11	15	20	5	10	
XII	12	16	1	6	9	
XIII	13	17	2	7	8	
XIV	14	18	3	8	7	
XV	15	19	4	9	6	
XVI	16	20	5	10	5	
XVII	17	1	6	11	4	
XVIII	18	2	7	12	3	
XIX	19	3	8	13	2	
XX	20	4	9	14	1	

Les candidats ne tirent qu'un numéro. Les chiffres de la 1ie colonne verticale indiquent le numéro de la question tirée au sort.

Les chiffres de chaque tranche horizontale indiquent la question qui, dans chaque matière, correspond au numéro tiré.

Décret du 34 mai 4882 portant règlement sur les **Exercices de la cavalerie**, revisant et complétant le décret du 47 juillet 1876. Nouvelle édition officielle refondue. Paris, 1895.

> Tome I⁰ⁱ. — Rapport. Titres I et II : *Bases de l'instruction. — École du cavalier à pied.* 4 vol. in-48 cartonné.   1 fr. 50
> Relié toile.   2 fr.
> Tome II. — Titres III et IV : *École du cavalier à cheval.* 4 vol. in-48 cart.   4 fr. 50
> Relié toile.   2 fr.

Décret du 20 octobre 4892 portant règlement sur le **service intérieur des troupes de cavalerie.** Paris, 4896, 4 vol. in-48 cart. 4 fr. 50
> Relié toile.   4 fr. 75

Décret du 4 octobre 1891 portant reglement sur le **service dans les places de guerre** et les villes ouvertes. Édition mise à jour. Paris, 4897, 4 vol. in-48 cartonné.   4 fr.
— *Le même,* relié toile.   4 fr. 23
— Edition in-8 avec de grandes marges.   4 fr. 50

Décret du 28 mai 4895 portant règlement sur le **service des armées en campagne.** Paris, 4897, 4 vol. in-48 cartonne.   4 fr.
> Relie toile.   4 fr. 25
— Edition in-8 à grandes marges.   1 fr.
> Relié toile.   4 fr. 50

Instruction pratique provisoire du 24 décembre 1896 sur le **service de la cavalerie en campagne.** Paris, 4897, 1 vol. in-18 avec figures, cartonne.   75 c.
> Relié toile.   4 fr.

Règlement du 45 septembre 1894 **sur l'instruction du tir des troupes de cavalerie.** Paris, 4896, 4 vol. in-48 avec fig., cart. 1 fr.

Instruction pour le maniement et l'emploi de la **carabine modèle 1890,** approuvée par le Ministre de la guerre le 45 juin 4893, suivie de la nomenclature, le remontage, l'entretien et la cartouche des carabines modèle 4890 (cavalerie et cuirassiers). Paris, 4895, in-48 cartonné.   50 c.

Instruction pour l'exécution du tir reduit avec les carabines modèle 1890 et le mousqueton modèle 4892. Paris, 4896, broch. in-18 avec 9 figures, couverture parcheminée.   30 c.

Instruction sommaire sur le revolver **modèle 1892,** approuvée par le Ministre de la guerre le 8 février 1893. Nouvelle édition. Paris, 4897, broch. in-18.   20 c.

Instruction pour le maniement et l'emploi de la lance, approuvée par le Ministre de la guerre, le 6 avril 4889. Paris, 4894, broch. in-48.   45 c.

Manuel pour l'exécution des travaux de fortification de campagne, par les troupes d'infanterie et de cavalerie, rédigé conformément aux instructions ministérielles par un **Capitaine** d'infanterie. Avec 488 fig. dans le texte. Paris, 1889, 4 vol. in-42.   2 fr. 50
> Cartonné.   3 fr.

Instruction spéciale pour le **transport des troupes de cavalerie** par les voies ferrées. Extrait du Reglement général pour les transports militaires par voies ferrées. Décrets des 48 et 49 novembre 1889, modifiés par décision ministérielle du 4 septembre 1894. Décret du 20 octobre 1894 et la Note ministérielle du 46 janvier 4895. Paris, 1896, 4 vol. in-18 avec planches et tableaux, cartonné.   1 fr.
> Relié toile.   1 fr. 25

Administration des compagnies, escadrons et batteries. Extrait du *Manuel de législation, d'administration et de comptabilite militaires;* par le lieutenant-colonel **Beaugé.** Paris, 1896, 4 vol. in-42.   1 fr. 50

Commandement intérieur d'un escadron de cavalerie; par **un ancien Capitaine-Commandant** (Com¹ de **Séréville**). Paris, 4894, 4 vol. in-8.   2 fr. 50

Avant-postes de cavalerie légère. Souvenirs; par F. **de Brack,** général de cavalerie. 6⁰ édition. Paris, 4880, 4 vol. in-46 avec planches.   4 fr.

Cours abrégé d'hippologie, à l'usage des sous-officiers, des brigadiers et élèves-brigadiers des corps de troupes a cheval, rédigé par les soins de la Commission hippique, approuvé par le Ministre de la guerre, le 2 avril 4875, et mis en concordance avec la réglementation le 22 mai 4888. Paris, 4896, 4 vol. in-48.   4 fr. 50

Abrégé d'hippologie a l'usage des sous-officiers de l'armée, adopte pour l'enseignement de l'hippologie dans l'armée, par décision ministérielle du 44 juin 4863 ; par A. **Vallon,** vétérinaire principal, professeur d'hippologie, etc., etc. 9⁰ édition. Paris, 4889, 4 vol. in-42 avec pl. 3 fr. 50

Cours d'hippologie, à l'usage de MM. les officiers de l'armee, de MM. les officiers des haras, les vétérinaires, etc., adopté pour l'enseignement hippologique dans l'armée, par décision ministérielle du 4ᵉʳ juin 4863; par M. A. **Vallon,** officier de la Légion d'honneur, etc., vétérinaire principal, professeur d'hippologie et directeur du haras de l'Ecole de cavalerie, etc. 5⁰ édition. Paris, 4889, 2 forts vol. in-8 avec planches et figures dans le texte.   44 fr.

Méthode de dressage du cheval de troupe. Paris, 1864, in-48 cart.   40 c.

Équitation ; par le commandant **Bonnal.** Paris, 4896, 4 vol. gr. in-8.   6 fr.

www.ingramcontent.com/pod-product-compliance
Ingram Content Group UK Ltd.
Pitfield, Milton Keynes, MK11 3LW, UK
UKHW021207140726
13695UKWH00005B/2394